Comhairle Contae
Átha Cliath Theas
South Dublin County Council

DO CHODLADH BEAG

DO CHODLADH BEAG

Leabhar do pháistí a mhíníonn an méid a tharlaíonn nuair is gá teacht isteach san ospidéal le haghaidh obráide nó scanadh faoi ainéistéiseach ginearálta.

An Dr Ann-Marie Crowe

a scríobh is a mhaisigh

Laoise Breathnach agus Marian Breathnach

a d'aistrigh go Gaeilge

AN GÚM

i gcomhar le

Sláinte Leanaí Éireann

CHI

Children's Health Ireland

Tá an acmhainn imobráide seo
ó Shláinte Leanaí Éireann ag Cromghlinn
ceadaithe ag Coláiste Ainéistéiseolaithe na hÉireann
agus Coláiste Ríoga na Máinleá in Éirinn.

Fuair an tionscadal seo maoiniú forbartha ó Chlár Nuálaíochta
Spark 2020 de chuid Fheidhmeannacht na Seirbhíse Sláinte.

© Foras na Gaeilge, 2022

Dearadh agus leagan amach: Kieran Nolan

PB Print a chlóbhuail in Éirinn

ISBN 978-1-85791-980-6

An Gúm, Foras na Gaeilge, 63–66 Sráid Amiens, Baile Átha Cliath 1

Maidir leis an Leabhar

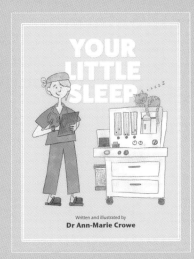

Is dochtúir atá ag obair in ospidéal leanaí a scríobh agus a mhaisigh an leabhar seo. Is é aidhm an leabhair seo ná an méid a tharlaíonn nuair is gá teacht isteach san ospidéal le haghaidh obráide nó scanadh faoi ainéistéiseach ginearálta a mhíniú do pháistí. Déantar cur síos sa leabhar ar a dtarlóidh le linn don pháiste a bheith san ospidéal agus ar na daoine a mbuailfidh an páiste leo.

Moltar an leabhar seo a léamh os ard do leanaí óga idir 5–6 bliana d'aois roimh dóibh dul isteach san ospidéal. Is féidir le léitheoirí neamhspléacha idir 7–10 mbliana d'aois é a léamh iad féin.

Tá an leabhar dírithe ar leanaí atá 5 bliana d'aois agus níos sine, ach b'fhéidir go mbeidh roinnt leanaí atá níos óige ná sin in ann tuiscint a fháil ar an scéal agus ar na carachtair sa leabhar freisin.

Dia duit!

Annie is ainm dom agus is dochtúir mé san ospidéal.

Táim anseo chun insint duit faoin méid a tharlóidh más gá duit riamh teacht chuig an ospidéal le haghaidh obráide nó scanadh faoi ainéistéiseach ginearálta.

Inseoidh mé chuile rud duit faoin jab iontach atá agam, faoi na daoine a mbuailfidh tú leo agus faoin gcaoi a mbraithfidh tú nuair a bheidh tú anseo!

Hata gorm

steiteascóp

cupán caite

Sula dtéann tú chuig an ospidéal beidh ort troscadh a dhéanamh. Ciallaíonn sé sin nach mbeidh aon rud le hithe agat ar feadh cúpla uair an chloig.

B'fhéidir nach mbeidh bricfeasta agat nó b'fhéidir go mbeidh bricfeasta agat an-luath ar maidin. Mar sin, is dócha go mbeidh tú beagáinín ocrach. Ná bí buartha, féadfaidh tú rud beag a ithe nuair a bheidh an obráid nó an scanadh críochnaithe.

Is féidir leat deoch bheag uisce a ól,
ionas nach mbeidh tart ort!

Tá ocras air!

Tá ocras ar dhuine éigin eile chomh maith.
An bhfeiceann tú sa phictiúr é?

B'fhéidir gur mhaith leat mála a phacáil
sa bhaile le tabhairt leat chuig an ospidéal.
Ar mhaith leat leabhar nó bréagán ar leith
a thabhairt leat?

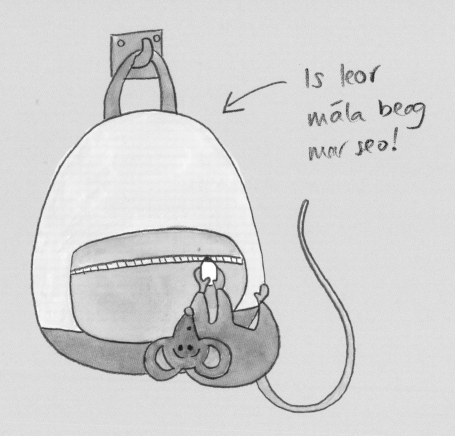

Is leor mála beag mar seo!

Má bhíonn ort fanacht san ospidéal thar oíche, ní gá duit a lán rudaí a thabhairt leat.

Is smaoineamh maith é do scuab fiacla agus roinnt éadaí a phacáil.

Ná dearmad do scuab fiacla a thabhairt leat !

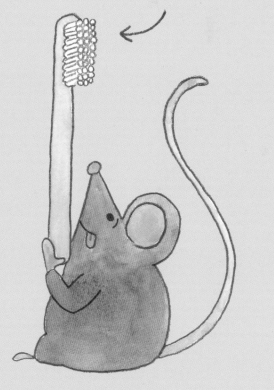

Is foirgneamh an-mhór é an t-ospidéal – tá sé i bhfad níos mó ná an naíolann ná an scoil!

Is áit ghnóthach é an t-ospidéal. Tá sé lán le daoine deasa a bheidh sásta thú a fheiceáil. Tabharfaidh siad aire mhaith duit fad a bheidh tú ann.

Tá go leor bealaí ann chun taisteal chuig an ospidéal – i gcarr, ar an mbus nó ar an traein, fiú. B'fhéidir go bhfuil tú i do chónaí in aice leis agus gur féidir leat siúl ann! Ar mo rothar a thagaimse isteach go dtí an obair de ghnáth. Nach deas é!

Mo rothar

Nuair a shroichfidh tú
an t-ospidéal, beidh ort seiceáil
isteach ag an deasc fáiltithe.
Ciallaíonn sé sin go n-inseoidh
do thuismitheoirí nó do
chaomhnóirí dúinn go
bhfuil tú tagtha ionas
go mbeimid réidh le
bualadh leat.

Altra

Ina dhiaidh sin tiocfaidh altra cairdiúil chugat agus tabharfaidh siad bráisléad plaisteach duit le caitheamh ar do rosta. Beidh d'ainm ar an mbráisléad!

Iarrfaidh an t-altra ort seasamh nó suí ar na scálaí chun do mheáchan a sheiceáil. Beidh cairt speisialta agat agus tú san ospidéal. Scríobhfaidh na dochtúirí agus na haltraí gach rud faoi do chuairt ar an ospidéal ar an gcairt sin.

Cairteacha

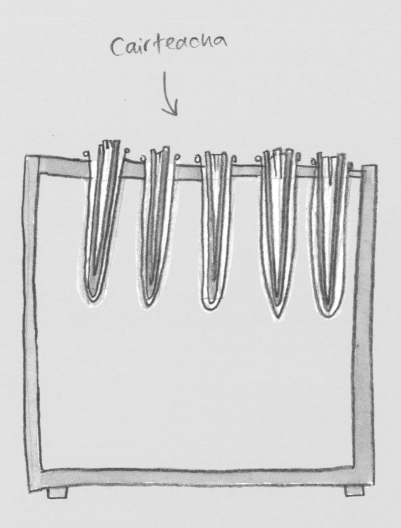

Tabharfaidh tú faoi deara go bhfuil
go leor dáileoirí díghalráin lámh agus
doirtil le gallúnach ar fud an ospidéil.
Is leacht é díghalrán lámh a chuimlíonn
tú ar do lámha. Glanann sé do lámha
faoi mar a dhéanann gallúnach!

Díghalrán
lámh

Doirteal

Nuair a níonn tú do lámha, cuidíonn sé le stop a chur le scaipeadh na bhfrídíní. Mar sin, tá sé an-tábhachtach do lámha a ní go minic!

Nímse mo lámha go mion minic i rith an lae! An féidir leat a thaispeáint dom an chaoi a níonn tú do lámha?

Ní thógann sé i bhfad do lámha a ní, buíochas le Dia!

Nitear lapaí salacha anseo

Tá seisean ag cuidiú!

Má tá obráid le déanamh ort, buailfidh tú leis na máinlianna tar éis duit seiceáil isteach. Is dochtúirí iad na máinlianna a dhéanann obráidí san ospidéal. B'fhéidir gur bhuail tú leo cheana nuair a bhí coinne agat san ospidéal nó má bhí tú sa roinn éigeandála.

Is minic a chaitheann máinlianna culaith mháinliachta nuair a bhíonn siad ag obair. Tá an chulaith seo an-chosúil le culaith oíche!

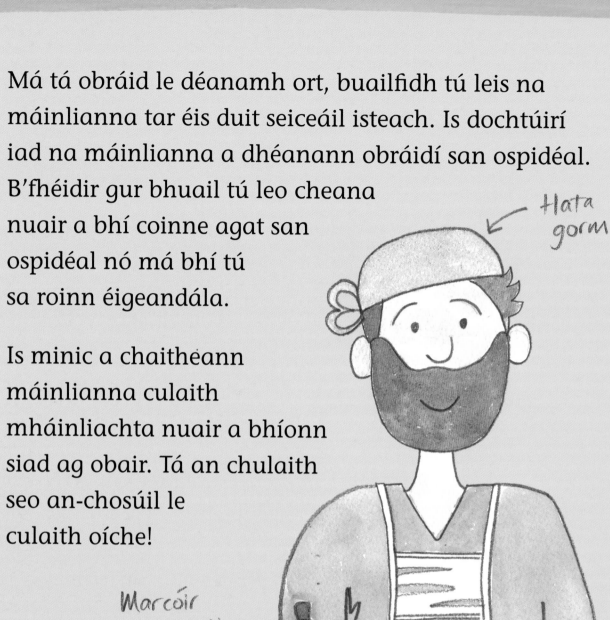

Hata gorm

Marcóir an mháinlia

Tá culaith mháinliachta ghlas air!

Labhróidh an máinlia leat faoin obráid agus freagróidh siad aon cheist a bheidh agat.

Scrúdóidh siad thú roimh an obráid agus b'fhéidir go gcuirfidh siad marcanna ar do chraiceann le marcóir speisialta. Glanfar iad sin tar éis na hobráide.

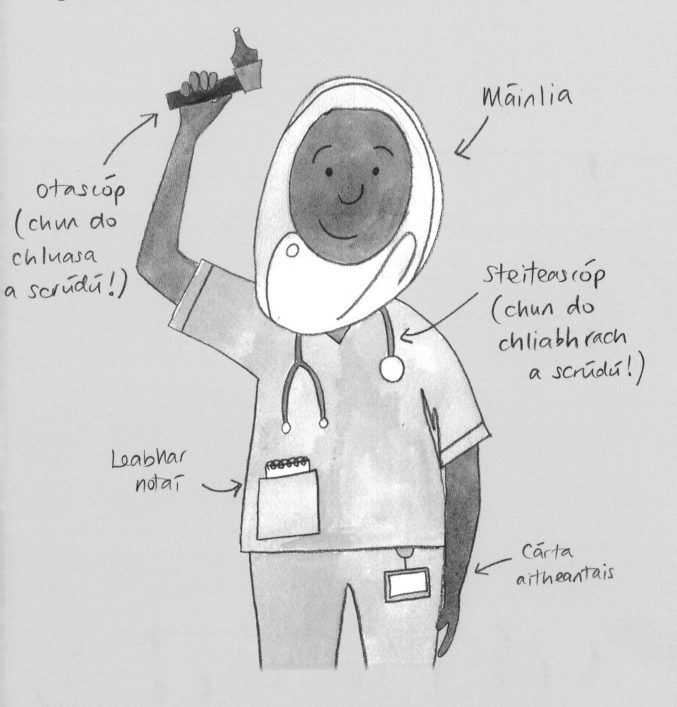

Máinlia

otascóp
(chun do
chluasa
a scrúdú!)

steiteascóp
(chun do
chliabhrach
a scrúdú!)

Leabhar
nótaí

Cárta
aitheantais

B'fhéidir nach mbeidh ort obráid a bheith agat, b'fhéidir go ndéanfar scanadh ort. Is grianghraf an-speisialta é scanadh a thaispeánann an taobh istigh de do chorp!

Glacann meaisín mór an grianghraf. Sílim go bhfuil cuma spásárthaigh air! Cén chuma atá air, dar leatsa?

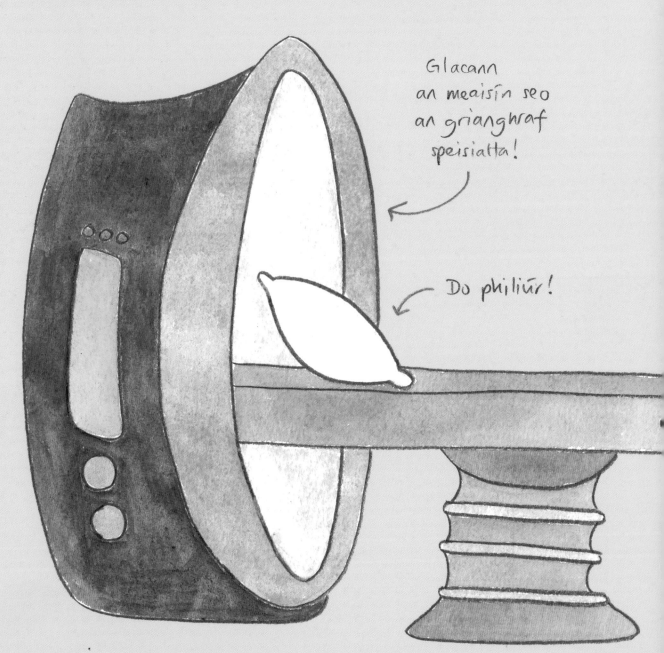

Glacann an meaisín seo an grianghraf speisialta!

Do philiúr!

Eisean a ghlacfaidh an grianghraf!

Agus tú ag fanacht ar an obráid nó ar an scanadh, b'fhéidir go gcuirfidh an t-altra uachtar draíochta ar chúl do láimhe nó ar an taobh istigh de d'uillinn.

Tá an t-uachtar chomh bog agus chomh fliuch le hochtapas. Seans go gcuirfidh sé cigilt i do chraiceann faoi mar a dhéanfadh ochtapas freisin!

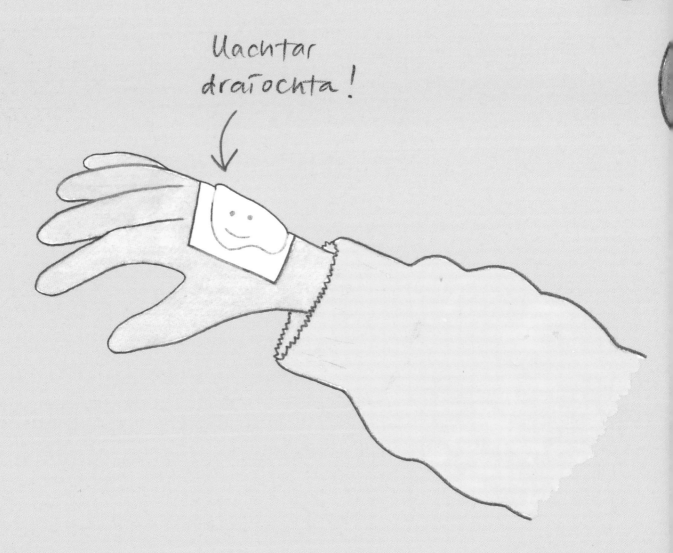

Uachtar draíochta!

Deoch
speisialta!

B'fhéidir go dtabharfar deoch speisialta duit
sula dtéann tú go dtí an obrádlann – sin an áit
a ndéanfar an obráid. Déanann an deoch sin socair
suaimhneach thú. Bíonn sí i gcupán beag agus
caithfidh tú í a ól go sciobtha! Maith thú!

B'fhéidir go gcuirfidh an t-altra cannúl i do lámh sula dtéann tú chuig an obrádlann.
Is é atá i gceist leis an gcannúl ná sop beag. Freddie a thugaimid air! An raibh Freddie agat riamh?

Nuair a chuirimid an t-uachtar draíochta ar chúl do láimhe bíonn sé níos fusa Freddie a chur ann.

Banda
(is féidir é seo a bhaint)

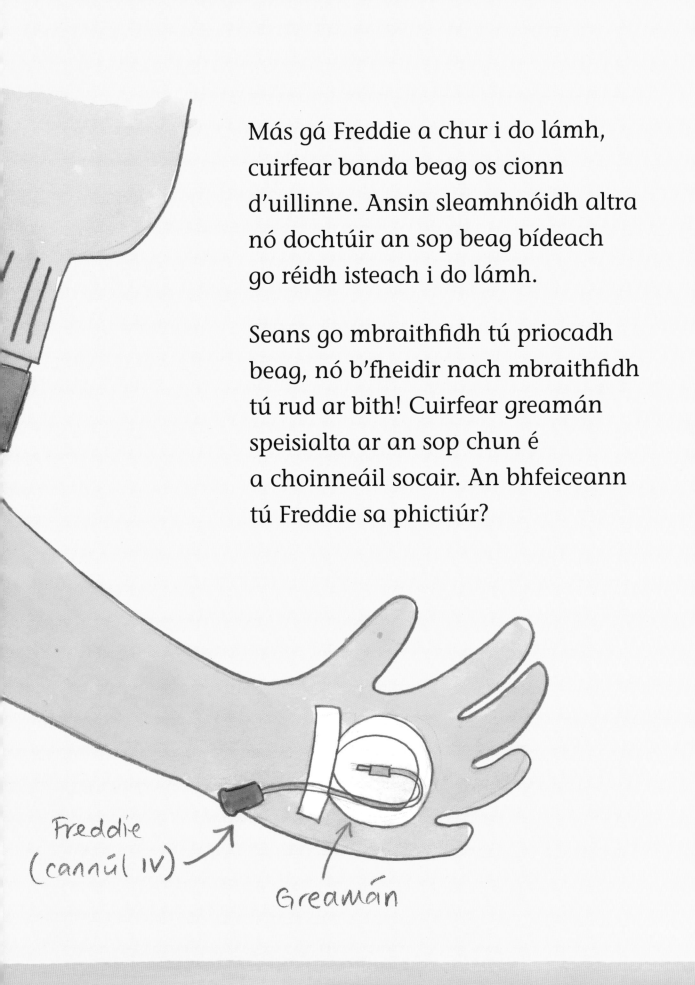

Más gá Freddie a chur i do lámh, cuirfear banda beag os cionn d'uillinne. Ansin sleamhnóidh altra nó dochtúir an sop beag bídeach go réidh isteach i do lámh.

Seans go mbraithfidh tú priocadh beag, nó b'fheidir nach mbraithfidh tú rud ar bith! Cuirfear greamán speisialta ar an sop chun é a choinneáil socair. An bhfeiceann tú Freddie sa phictiúr?

Freddie
(cannúl IV)

Greamán

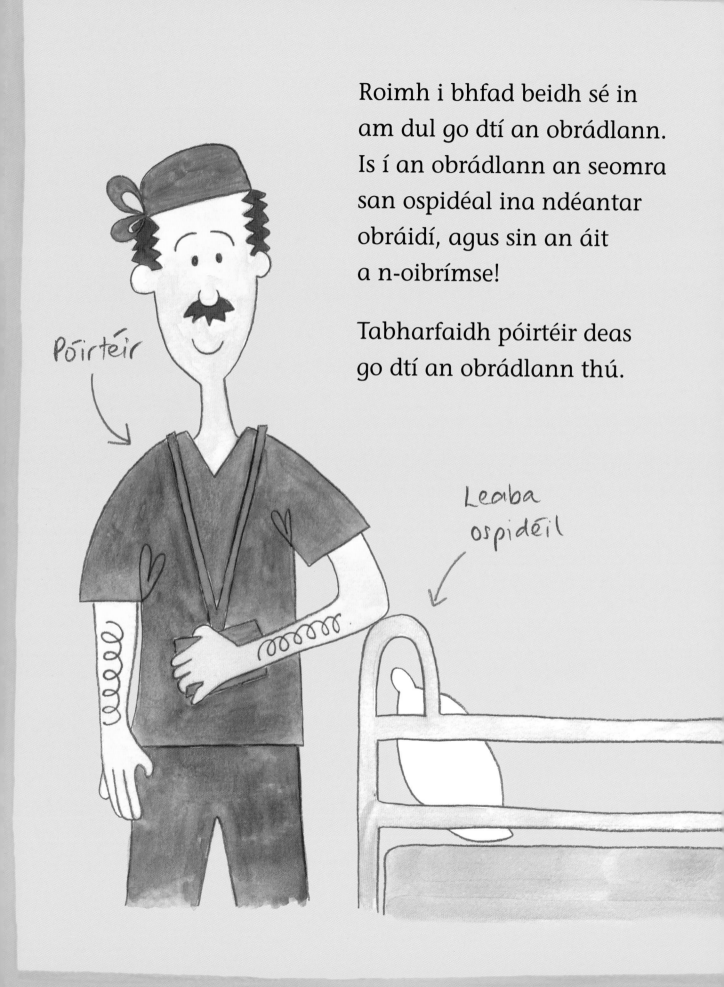

Roimh i bhfad beidh sé in
am dul go dtí an obrádlann.
Is í an obrádlann an seomra
san ospidéal ina ndéantar
obráidí, agus sin an áit
a n-oibrímse!

Tabharfaidh póirtéir deas
go dtí an obrádlann thú.

Póirtéir

Leaba
ospidéil

Seiceálfaidh altra eile do bhráisléad
agus do chairt. Ansin tiocfaidh tú
isteach sa seomra ina n-oibrímse –
táim ag tnúth go mór
leis an gcuid seo!

Altra
ainéistéiseach

Mar a duirt mé cheana, is dochtúir mé san ospidéal. Is dochtúir speisialta mé ar a dtugtar ainéistéiseolaí.

An féidir leat triail a bhaint as é sin a rá?

Ain-éis-téis-eolaí.

Maith thú!

Is féidir leat dochtúir codlata a thabhairt orm.

Tabharfaidh mé leigheas codlata duit a chabhróidh leat titim i gcodladh domhain speisialta. Ní bhraithfidh tú aon rud agus fanfaidh tú i do chodladh fad a bheidh an obráid nó an scanadh ar siúl.

Tabharfaidh mé aire duit nuair a bheidh tú i do chodladh agus músclóidh mé arís thú nuair a bheidh sé ar fad thart.

Bímse i gcónaí ag tnúth le bualadh leat!
Caithim éadaí atá cosúil leis na héadaí
a chaitheann an máinlia.
B'fhéidir go mbeidh orm
masc breise, scáthlán,
lámhainní agus gúna
a chaitheamh
chomh maith.
Mar sin, b'fhéidir
nach mbeidh tú
in ann ach mo
shúile a fheiceáil!
Ach is mise atá anseo
go fóill faoi na héadaí
ar fad agus tá miongháire
ar m'aghaidh!!

Seans maith go
bhfeicfidh tú
dochtúirí nó
altraí eile agus
an chulaith speisialta
sin orthusan freisin.
Tugann an chulaith cosaint
bhreise dúinn.

Masc

Scáthlán

Gúna

Lámhainní

Beagáinín róthrom

Ar an dea-uair,
níl sí chomh trom
le culaith armúrtha!

Nuair a bhuailfidh tú liom san obrádlann, taispeánfaidh mé duit an meaisín codlata agus na monatóirí. Tá dathanna difriúla orthu go léir agus déanann cuid acu fuaimeanna bíp, búp agus ping!

Tá balún ceangailte leis an meaisín codlata freisin – an bhfeiceann tú an dath atá ar an mbalún?

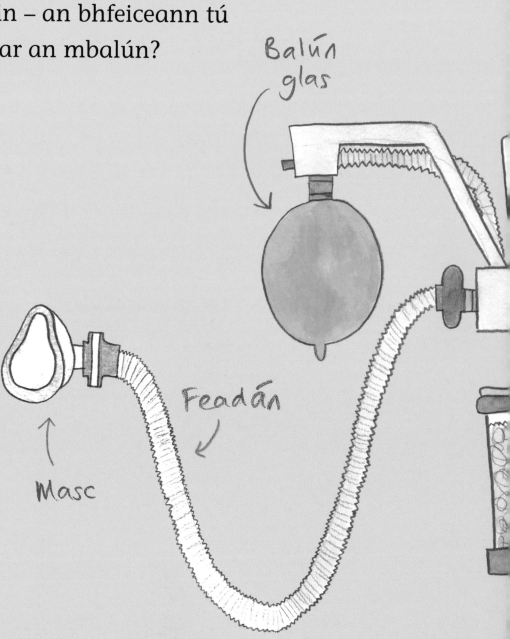

Balún glas

Feadán

Masc

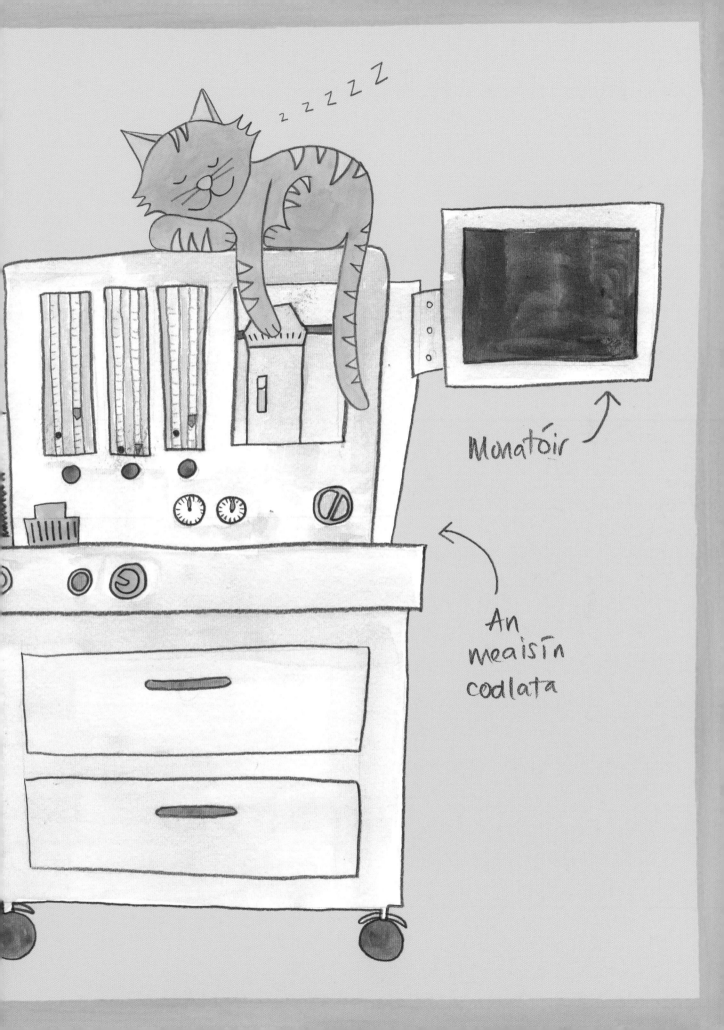

zzzzz

Monatóir

An
meaisín
codlata

Tá dhá bhealach éagsúla ann chun leigheas codlata a fháil.

Is féidir an leigheas codlata a análú isteach trí mhasc a chuirtear go réidh thar do shrón agus do bhéal.

Nuair a análann tú isteach sa mhasc, is féidir leat an balún glas a shéideadh suas agus síos!

Taispeánfaidh mé duit conas é a dhéanamh! An féidir leat huth, puth, huth, puth a dhéanamh? Iontach! Maith thú!

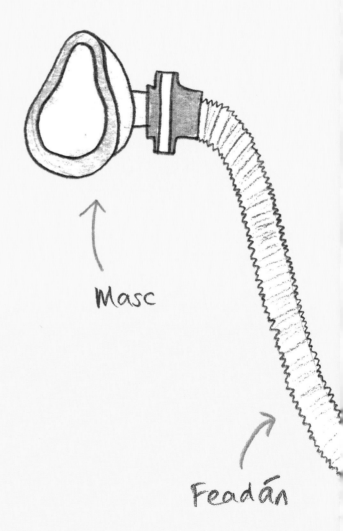

Masc

Feadán

Bealach eile chun an
leigheas codlata
a fháil ná trí Freddie!

Uaireanta, bíonn tart
ar Freddie nuair a bhíonn
sé san obrádlann! Is maith
liomsa caife a ól nuair
a bhíonn tart orm.
Ach is breá le Freddie
leigheas bán,
a chuirfeadh bainne
i gcuimhne duit, a ól.
Bíonn an leigheas
sin beagáinín fuar
ar nós bainne
piongaine!

Nuair a bheidh an
deoch á hól ag Freddie,
b'fhéidir go mbraithfidh
tú an leacht fuar ag
dul suas do lámh!

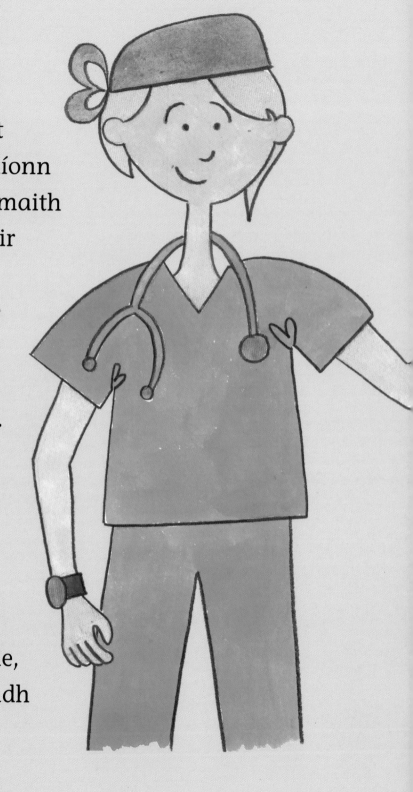

Éireoidh do shúile trom agus beidh tú ag iarraidh titim i do chodladh! Tabharfaidh mé aire duit an t-am ar fad a mbeidh tú i do chodladh. Nuair a bheidh an obráid nó an scanadh críochnaithe, dúiseoidh mé arís thú!

Meas tú cén saghas brionglóidí a bheidh agat?

Piliúr

Cianriattán

Leaba
speisialta

Nuair a dhúiseoidh tú, tabharfaidh altra
speisialta aire duit i seomra mór ar
a dtugtar an seomra téarnaimh.
Tá an seomra seo gar don obrádlann.

Altra
téarnaimh

Monatóir

Piliúr
bog

B'fhéidir go mbraithfidh tú rud beag aisteach
nó tuirseach ar dtús, ach cuideoidh an t-altra
leat teacht chugat féin. Tabharfaidh siad
leigheas duit má theastaíonn sé uait!

Nuair a thagann ocras ort arís, beidh
tú in ann rud éigin a ithe agus a ól!
Beidh do thuismitheoirí nó do chaomhnóirí
in aice láimhe agus beidh siad in ann
thú a fheiceáil go luath!

Roimh i bhfad, beidh sé in am duit dul abhaile.
Beidh brón orainn go mbeidh tú ag imeacht uainn, ach táim cinnte go mbeidh tú sásta a bheith sa bhaile arís!

Sula dtagann tú isteach san ospidéal don obráid nó don scanadh, is dócha go mbeidh go leor mothúchán ort. Má tá imní ort faoi do chuairt ar an ospidéal bí ag caint le duine fásta sa bhaile faoi.

Beidh na haltraí agus na dochtúirí san ospidéal
breá sásta aon cheisteanna atá agat a phlé freisin.
B'fhéidir go mbeidh faoiseamh ort toisc go gcuideoidh
an máinlia leat mothú níos fearr, nó b'fhéidir
go mbraithfidh tú scanraithe nó neirbhíseach.
Tá sé sin ar fad ceart go leor.

Is maith an rud é
smaoineamh faoin gcaoi
a mbraitheann tú.
Ba chóir duit labhairt
faoi sin le tuismitheoir,
le caomhnóir, nó
le duine fásta a bhfuil
muinín agat as. Éistfidh an
duine sin leat agus cabhróidh
sé nó sí leat ullmhú le dul
isteach san ospidéal.

Ná déan dearmad
do mhála
a thabhairt
abhaile leat!

Táimid go léir ag tnúth le bualadh leat,
agus bímid i gcónaí sásta labhairt leat
faoi rud ar bith!

An cuimhin leat na daoine go léir
a mbuailfidh tú leo san ospidéal?
Tá siad uile sa phictiúr seo!

Maidir leis an Údar agus an Maisitheoir

Is dochtúir í Ann-Marie Crowe. Tá sí ag obair mar ainéistéiseolaí péidiatraice in CHI, Cromghlinn, Baile Átha Cliath (tá sí ar dhuine de na dochtúirí codlata).

Nuair nach bhfuil sí ag obair, is breá léi a bheith ag rith, ag léamh agus ag péinteáil!

Maidir leis na hAistritheoirí

Is altra ainéistéiseach í Marian Breathnach in Ospidéal na hOllscoile, Gaillmh. Is ansin a d'oibrigh Marian agus Ann-Marie le chéile san obrádlann.

Is céimí tráchtála ó OÉ Gaillimh í Laoise Breathnach. Is cainteoirí líofa Gaeilge iad Marian agus Laoise agus tá siad an-sásta go bhfuil an leabhar seo ar fáil trí mheán na Gaeilge.

Buíochas

Gabhaimid buíochas leis an Dr Aisling Ní Cheallaigh, Síceolaí Cliniciúil Sinsearach in CHI Cromghlinn as a díograis agus a cuidiú leis an téacs.

Gabhaimid buíochas ar leith le foireann uile an ospidéil a oibríonn go crua chun a chinntiú gur eispéireas taitneamhach a bheidh ann do leanaí agus dá dtuismitheoirí/gcaomhnóirí agus iad ag teacht chun an ospidéil.

Acmhainní

Is acmhainn luachmhar é suíomh idirlín CHI Cromghlinn.
Is féidir le tuismitheoirí, caomhnóirí agus cúramóirí an t-eolas is déanaí a fháil ansin ag **www.olchc.ie**.